DE L'UTILITÉ

D'UNE

EXPOSITION INTERNATIONALE

ET PERMANENTE

DES PRODUITS INDUSTRIELS

DE L'EUROPE

A SAN-SALVADOR

(Amérique centrale)

POUR FAVORISER ET DÉVELOPPER LE COMMERCE

entre la France, l'Allemagne, l'Espagne, le Portugal, la Belgique et l'Italie

PAR

S. EDMOND HIRSCHLER

Précédemment Secrétaire de la Commission communale, et départementale d'Armement,
des Bouches-du-Rhône à l'Défense nationale
Secrétaire et Membre de la Commission de Désarmement, à la Préfecture
Chevalier de l'Ordre royal d'Isabelle-la-Catholique
Membre lauréat de la Société nationale d'encouragement au Bien
Membre fondateur de la Société libre pour la propagation de l'Instruction primaire et de
l'Éducation morale du peuple
Promoteur honoraire de la Commission artistique du Monument européen à Guido Monaco
Membre correspondant de la Société protectrice des animaux à Lyon (Rhône)
Membre actif de la Société hospitalière des Étrangers (Marseille), etc.

MARSEILLE

TYPOGRAPHIE MARIUS OLIVE

39, RUE SAINTE, 39

DE L'UTILITÉ

D'UNE

EXPOSITION INTERNATIONALE

ET PERMANENTE

DES PRODUITS INDUSTRIELS

DE L'EUROPE

A -SAN-SALVADOR

(Amérique cen'rale)

POUR FAVORISER ET DEVELOPPER LE COMMERCE

entre la France, l'Allemagne, l'Espagne, le Portugal, la Belgique et l'Italie

PAR

S. EDMOND HIRSCHLER

Précédemment Secrétaire de la Commission municipale et départementale d'Armement
des Bouches-du-Rhône à la Défense nationale,
Secrétaire et Membre de la Commission de Désarmement, à la Préfecture;
Chevalier de l'Ordre royal d'Isabelle-la-Catholique;
Membre lauréat de la Société nationale d'Encouragement au Bien ;
Membre fondateur de la Société libre pour la propagation de l'Instruction primaire et de
l'Education morale du peuple ,
Promoteur honoraire de la Commission artistique du Monument européeu à Guido Monaco
Membre correspondant de la Société protectrice des Animaux, à Lyon (Rhône) ,
Membre actif de la Société hospitalière des Etrangers (Marseille), etc.

MARSEILLE

TYPOGRAPHIE MARIUS OLIVE,

39, RUE SAINTE, 39

A1665

A Monsieur Pouyer-Quertier.

Ministre des Finances

Hommages très Respectueux

de l'Auteur

Hirschler

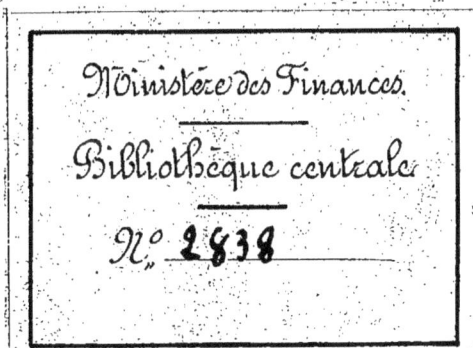

AUG. GHIRLANDA

Consul de la République de San-Salvador, à Marseille; Commandeur des Ordres
royaux de Charles III d'Espagne et d'Isabelle-la-Catholique.

Monsieur,

Si j'avais à vous présenter un ouvrage sérieux et philanthropique comme la *Société hospitalière pour les Étrangers*,
œuvre internationale, établie à Marseille, et qui s'honore de
vous compter au nombre de ses Présidents, je serais sûr de
votre puissant concours. Membre moi-même de cette Société
de bienfaisance, je me suis autorisé de ce titre pour vous
soumettre un projet que j'ai rédigé sur l'établissement d'une
Exposition internationale et permanente à San-Salvador, et
vous avez bien voulu y prêter votre attention.

Ces notes, résultat d'études peut-être trop superficielles,
acquéreraient sans aucun doute quelque valeur si vous me
permettiez de les présenter au public sous votre bienveillant
patronage, que j'ai l'honneur de solliciter.

Daignez agréer,

Monsieur le Consul,

l'expression de mes sentiments de haute considération.

HIRSCHLER.

Marseille, le 6 juin 1871.

Marseille, le 29 juin 1871

A MONSIEUR HIRSCHLER

Secrétaire de la Commission de Désarmement, Marseille.

MONSIEUR,

Après examen attentif du projet que vous m'avez communiqué sur « l'Etablissement de l'Exposition internationale à San-Salvador, » j'ai trouvé votre brochure d'une utilité incontestable.

Je suis flatté, Monsieur, de lui accorder ma recommandation, et de vous assurer mon meilleur concours, pour qu'elle obtienne le succès qu'elle mérite.

Daignez agréer, Monsieur, l'assurance de ma considération distinguée.

Aug. GHIRLANDA.

I

L'Etat de Salvador, dont la population s'élève environ à un million ou douze cent mille habitants, est l'une des cinq Républiques qui forment l'Amérique centrale. Située entre les 13° et 14° degrés de latitude Nord et les 87° et 90° de longitude Ouest, la République du Salvador s'étend sur le versant qui regarde le Pacifique; son littoral se développe sur une étendue de 160 milles sur cet Océan, du fleuve Para à la baie de Fonséca.

Ses limites sont: au Nord et à l'Est, l'Etat de Honduras; à l'Ouest, celui de Guatemala; au Nord-Ouest, le Nicaragua, et enfin au Sud, le Grand Océan.

Son gouvernement est représentatif-constitutionnel. Un Président, nommé pour trois ans et pouvant être réélu, est chargé du pouvoir exécutif; un Sénat et une Chambre élective forment le Pouvoir législatif.

Le Président actuel est le capitaine-général don Francisco Duenas, homme d'une capacité incontestable et du plus noble caractère.

D'abord ministre, puis deux fois investi du pouvoir Présidentiel, M. Duenas vient d'être, pour la troisième fois, appelé à ces hautes fonctions par une immense majorité.

Sa grande expérience des affaires et des hommes l'a guidé dans le choix heureux qu'il a fait des membres de son cabinet. Il ne pouvait, en effet, être mieux inspiré qu'en confiant le Ministère d'Etat à M. Arbizue, celui des Finances à M. Bouilla, et celui de la Guerre à M. Delgado, trois hommes remarquables à plusieurs titres, et jouissant d'une réputation méritée de talents hors ligne et de loyauté.

III

La République de Salvador est liée par des traités de paix et de commerce avec la France, les Etats-Unis, l'Angleterre, l'Italie et la Belgique. Elle est représentée en France par M. le docteur Herran, son Ministre plénipotentiaire, officier de la Légion d'honneur, homme aussi fort éminent, et l'un des plus ardents promoteurs de l'*Exposition permanente internationale à San-Salvador*.

Nul plus que le docteur Herran, que distinguent tant de brillantes qualités et de sagesse, ne pouvait prêter un appui plus sérieux, plus désirable à cette entreprise.

Le catholicisme est la religion de l'Etat.

Le Salvador possède des mines d'argent, de plomb, de fer, et l'indigo qn'on y cultive en abondance est supérieur et bien préférable à celui que produisent tous les autres pays.

Baignée à la fois par l'Atlantique et par le Pacifique, la République du Salvador est arrosée par de grands fleuves, séparés par de riches vallées, et elle jouit dans toute son étendue d'une température extrêmement douce, qu'elle doit aux vents N.-O. qu'on y respire pendant la plus grande partie de l'année et qui arrivent sur les plateaux et dans les vallées, tamisés en quelque sorte par les montagnes qu'ils traversent ; en un mot, sa température est moins lourde et plus salubre que celle de Paris durant les mois de juillet et d'août.

Le fleuve Lampa, qui traverse dans son cours des vallées fertiles, est l'artère principale par laquelle s'écoulent vers le Pacifique les immenses richesses intérieures du Salvador. Pour rendre ce fleuve navigable jusqu'aux Cordillères, comme il l'est déjà sur un parcours de quarante lieues, des projets de travaux considérables de canalisation ont été adoptés par le gouvernement qui s'occupe des moyens de les exécuter.

Enfin, sous le rapport de la viabilité, le Sâlvadôr est, sans contredit, le pays le plus favorisé de toute l'Amérique centrale.

V

La capitale de la République, San-Salvador, est le siége du pouvoir exécutif et du pouvoir législatif, de la Cour suprême ou de cassation, de l'Évêché et d'une Université.

Elle possède aussi un Lycée et des Écoles publiques.

Les lois commerciales qui régissent et protégent les transactions, dont elles garantissent la sécurité, sont en harmonie avec celles des nations les plus avancées. Dans un pays où des tribunaux de première instance et de justice de paix ont pour mission de rappeler au besoin les délinquants au respect des lois, comment les mesures promptes et énergiques prescrites par une législation sage seraient-elles impuissantes, lorsque la douceur des mœurs des habitants suffirait presque seule à rendre un code pénal inutile ?

Au point de vue commercial, la République de Salvador serait fort inexactement appréciée par les exportateurs français, s'ils la jugeaient d'après l'insignifiance de ses relations de commerce avec eux jusqu'à ce jour, et un pays traité avec une aussi grande prédilection par la nature ne saurait mériter réellement le reproche de ne pas progresser.

L'équité et la vérité nous obligent à faire connaître les causes de l'état stationnaire où ce pays semble être resté dans ses rapports avec la France particulièrement.

Il est établi, en effet, que les anciennes colonies espagnoles de l'Amérique centrale et de l'Amérique méridionale, qui forment aujourd'hui les républiques de Salvador, du Mexique, du Pérou et du Chili, consomment pour plusieurs centaines de millions des seuls produits de l'industrie parisienne; que, dans ce chiffre, les exportations de Salvador en Europe atteignent le chiffre de quinze millions en indigo, coton, café, etc.; que ses habitants recherchent avec passion nos tissus, dont ils admirent et goûtent beaucoup l'élégance et l'originalité, ainsi que la variété de nos dessins.

Que, d'un autre côté, les exportations à Salvador s'élèvent en chiffres ronds à 40 ou 50 millions, c'est-à-dire que le montant du mouvement commercial entre la France et cette République forme un total d'environ soixante-cinq millions, savoir:

Exportations de France ...	50,000,000
Importations	15,000;000
Ensemble	65;000;000

VII

D'où vient donc que le commerce français entre pour un chiffre relativement fort réduit dans les rapports commerciaux entre Salvador et l'Europe, et principalement l'Angleterre?

Nous allons en exposer les causes.

Jusqu'à présent, les affaires se sont traitées par voie d'échéance à trois, six ou neuf mois de terme, par l'intermédiaire de quelques spéculateurs avides qui exagèrent les prix de tous les articles qu'ils exportent, et créent ainsi des entraves au développement des transactions entre les deux pays. Supprimer ces intermédiaires, substituer à leur action énervante, un mode nouveau d'achat et de vente de nos produits, offrant toutes garanties de sécurité et d'honnêteté, et mettant en rapport direct ce riche pays de consommation avec les producteurs français, et même avec tous les producteurs européens, ne serait-ce pas là un moyen certain de multiplier les relations commerciales entre Salvador et l'Europe, et de faire particulièrement profiter la France de cette extinction dans une large proportion?

Une combinaison que le commerce appréciera, s'est présentée à quelques esprits pratiques, et cette combinaison, nous allons très-succinctement l'exposer, telle que l'ont approuvée Messieurs les ministres des Affaires étrangères, du Commerce et des Travaux publics, qui ont compris toute l'utilité et l'importance d'une idée si favorable au développement et à la protection de notre commerce d'exportation.

Elle consiste dans la création à San Salvador, ainsi que nous l'avons dit, capitale de l'Etat de ce nom, et l'une des villes les plus importantes et les plus riches de l'Amérique centrale, d'une Exposition internationale et permanente des produits industriels de l'Europe et spécialement de la France, de l'Allemagne, de l'Espagne, du Portugal, de la Belgique et de l'Italie.

Un édifice d'un style simple, qui cependant n'excluera pas l'élégance, sera approprié à cet effet à San-Salvador, sur l'un des principaux emplacements de cette ville. On adoptera les dispositions et plans, réduits nécessairement, de l'Exposition universelle de Paris dans ce qu'on a reconnu de plus pratique ; à l'exécution de ce projet présidera l'économie la plus entendue.

Le personnel auquel seront confiées l'administration et la gérance de l'Exposition de San-Salvador, sera composé d'hommes pratiques et familiarisés avec les habitudes et les mœurs du pays, qu'une expérience toujours longue et souvent très-dispendieuse aura recommandés aux fondateurs de l'opération, et qui offriront toute garantie aux fabricants ou exportateurs sous le rapport de la probité aussi bien que des capacités.

IX

Jusqu'à-ce jour, le commerce a été obligé de s'adresser, à des consignataires ou des représentants envoyés *ad hoc*, et dont les débuts ont été marqués trop souvent par des mécomptes dus à leur inexpérience et aux tâtonnements que leur ont imposés leurs débuts.

L'Exposition dont il s'agit obvie à tous les inconvénients; l'exportateur expédie ses échantillons ou les types de sa fabrication, et le commerce indigène, ou même le consommateur, mis à même de juger du mérite artistique et intrinsèque de l'objet exposé, de son utilité et de ses autres convenances, fait ses commandes *de visu*, sans avoir à subir les exigences des intermédiaires multiples qui grevaient jusqu'à ce jour le prix auquel désormais les produits arrivent en ses mains, dégagés des frais de remise exigés par le commissionnaire qui recevait ses ordres, l'acheteur en Europe, qui lui-même, le plus souvent, n'opérait ses achats que de seconde main.

X

Le consommateur pourra faire son choix suivant ses goûts, ses besoins, entre les produits de tous les pays producteurs de l'Europe et des Etats-Unis. Le rôle et l'intérêt de l'exposant, s'il veut obtenir de bons résultats, s'il veut lutter avec avantage avec ses concurrents de tous pays, sont de bien fabriquer et de bien établir des prix susceptibles de lui assurer la préférence éclairée des commerçants ou consommateurs indigènes. Nous n'insisterons pas sur les avantages naturels qui nous ont déterminé à choisir le Salvador pour l'Exposition internationale industrielle dont nous venons d'exposer sommairement et le but et les moyens.

Nous ne rappellerons pas combien ce pays offre d'avantages par le nombre et la sécurité de ses ports, par le chemin de fer de Honduras, par ses communications fluviales, qui font de l'Amérique centrale le point où viendra converger tout le commerce européen avec ces riches contrées.

QUELQUES IDÉES

PHILANTHROPIQUES

Au mois de juillet 1870, par la voie de la presse, j'ai fait connaître le projet suivant, qui a été appliqué généralement en France et à l'étranger, et qui n'a pas été inutile au bien-être de notre armée, ainsi qu'à celui des blessés des deux puissances belligérantes, savoir :

Monsieur le Directeur ,

Lorsque la France tout entière fait appel au dévouement et au patriotisme de ses enfants , elle est sûre d'éveiller dans nos cœurs ce sentiment inaltérable , l'amour de la patrie.

Qu'il me soit donc permis, en présence des événements, d'apporter mon faible concours en exposant un projet, lequel, s'il était mis à exécution , contribuerait largement à augmenter la *Souscription patriotique en faveur des Armées de terre et de mer et de la Garde mobile.*

Supposons, pour la clarté de l'exposition, le projet en voie d'exécution.

Nous sommes à la gare d'un chemin de fer. Quelques instants après que l'employé vient d'inviter les voyageurs à monter en voiture, deux commissaires délégués par le comité, précédés de deux dames patronesses de la localité, se dirigent vers chaque extrémité du train qui va partir.

Elles portent chacune une aumônière qu'elles présentent successivement à la portière de chaque wagon, et l'un des commissaires, s'adressant à chaque voyageur, demande pour la *Souscription patriotique en faveur des Armées de terre et de mer et de la Garde mobile*.

Que cette quête soit répétée dans toutes les gares, particulièrement sur les grandes lignes, à toutes les heures de départ d'un train, sur tous les points de la France, et l'on obtiendra une somme considérable dans l'espace de très-peu de temps.

On évalue que le nombre des voyageurs circulant chaque jour sur toutes les lignes s'élève à 30,000 environ. Que ces voyageurs donnent la modique somme de *dix centimes* et nous atteignons le chiffre de *trois mille francs* par jour, soit *quatre-vingt-dix mille francs* par mois, sans qu'il en ait coûté beaucoup à la bourse de nos concitoyens.

Quant aux moyens à adopter pour la régularité du service administratif, je crois qu'il conviendrait :

1° Que chaque chef de gare fût correspondant du comité central ;

2° Que le chiffre des commissaires délégués et des dames patronesses fût assez nombreux, afin qu'il leur fût facile de prendre du repos entre l'intervalle des trains ;

3° Que le contrôle des quêtes fût fait en présence des quatre personnes qui en auraient fait la perception ;

4° Qu'un bordereau récapitulatif fût signé de tous, ainsi que du chef de gare ;

5° Que les fonds fussent remis entre les mains du chef de gare, qui les tiendrait à la disposition du comité, après avoir préalablement expédié son bordereau tous les jours.

Quant aux autres considérations administratives, je pense qu'il ne m'appartient pas, quant à présent, d'en discuter plus longuement les moyens.

En vous priant, Monsieur le Directeur, de m'accorder la publicité de votre journal, j'ai tenu à prouver que, dans quelque coin que l'on soit de la France, les cœurs battent à l'unisson pour tout ce qui est grand, noble et généreux.

La sympathie que nous inspire notre glorieuse armée est unanime. Quant à moi; je forme les vœux les plus ardents pour la prospérité de nos armes.

EDMOND HIRSCHLER,.
Membre lauréat de la Société Nationale
d'Encouragement au bien.

Juillet 1870.

Peu de temps après, encouragé par la mise en pratique du projet ci-dessus, je développai une idée philanthropique du même genre, à laquelle la presse a bien voulu prêter sa publicité dans les termes suivants :

Monsieur le Directeur ;

Le bienveillant accueil qui vient d'être fait par la presse parisienne et départementale à mon projet de *Souscrip'ion dans les gares de chemins de fer* en faveur des armées de terre et de mer et de la garde mobile, ne peut que m'encourager à rechercher de nouveaux moyens utiles et pratiques.

Il n'est pas une idée, si spécieuse qu'elle paraisse, qui ne puisse être émise lorsqu'elle a pour but d'épargner ou de prévenir des souffrances, et ce, dans l'espoir de tempérer les maux de nos braves et chers soldats.

Je donne mon idée pour ce qu'elle vaut, je n'ai pas la prétention d'être infaillible.

Dans les circonstances actuelles, rien ne doit être négligé pour apporter une amélioration, si petite qu'elle soit, dans l'état des soins à donner à nos blessés.

Nous avons vu que, de toutes parts, dans les coins les plus reculés de la France, la souscription patriotique allait jusqu'à l'héroïsme.

Lorsque nos frères tombent sous les balles ennemies, c'est justice qu'ils aient l'assurance que l'on s'intéresse à leur sort et que l'on pense à eux dans les moindres circonstances journalières de la vie.

En ce moment, plus que d'habitude, on fréquente les cafés : qui, pour y chercher les nouvelles données par les journaux, qui, pour y discuter sur la situation, etc.

Il est rare qu'entraîné dans des discussions et amené là dans ces conditions, on ne se fasse pas servir une consommation.

Eh bien! donc, je demande *solennellement* à tous les Français, lorsqu'ils sont sur le point de sucrer leur café ou leur grog, de partager leur sucre avec notre armée, qui donne son sang pour la défense du sol sacré de la patrie.

Rien n'est petit dans une entreprise qui n'embrasse que de vastes idées.

Qu'à cet effet, un tronc en fil de fer, une espèce de cage avec cette inscription : « *Secours aux blessés*, » soit déposé dans chaque café.

Que dans chaque ville, village, canton, hameau, bourg, un comité soit formé; qu'il ait pour mission de relever dans chaque établissement les résultats de cette souscription en nature.

Que cette denrée soit versée ou conservée dans chaque mairie et expédiée, selon les besoins, à nos braves guerriers.

Rien ne s'oppose à ce que, dans la vie usuelle, au foyer domestique, hommes, femmes, vieillards et enfants ne puissent contribuer, pour une large part, eux aussi, à sucrer la tisane de nos blessés.

C'est alors que nos soldats diront en recevant ce modeste

morceau de sucre; le cœur serré et l'œil humide : Qui sait si ce n'est pas notre sœur, notre épouse ou notre mère, qui a donné celui-là en pensant à nous ? Et cette pensée les fortifiera et leur donnera le courage et l'espérance.

De même que cette saveur douce et agréable viendra adoucir la crudité des boissons, elle aura le double but d'atténuer les maux de nos soldats par les touchants souvenirs qui s'y rattacheront.

Maintenant veut-on savoir ce que représente en chiffres cette souscription en nature ?

Sur *trente-huit millions* d'habitants qu'il y a en France, il faut compter *vingt et un millions* d'hommes, car la statistique nous apprend que le nombre total des naissances annuelles des garçons surpasse d'un seizième le nombre total des naissances des filles.

Sur ce chiffre, il y en a bien environ le quart qui vont au café, soit *cinq millions.* Un morceau de sucre ordinaire pèse dix grammes. C'est donc *cinquante millions* de grammes qu'il faut diviser par mille grammes pour savoir combien il y a de kilogrammes.

Ce qui donnera *cinquante mille* kilogrammes ou *cent mille livres* de sucre à 80 centimes l'une, soit QUATRE-VINGT MILLE FRANCS PAR JOUR.

Que ce soit en nature, ou que l'on convertisse cette souscription en argent, je doute que l'on atteigne un chiffre quotidien aussi élevé.

Puisse la pensée qui a dirigé mon projet être mise en pratique par tous ceux qui le liront, ce sera ma plus douce récompense.

Que Dieu protège la France !

EDMOND HIRSCHLER.

III

Que de difficultés , que d'obstacles, l'homme ne rencontre-t-il pas sur le chemin de la vie ?

Combien ils sont inaccessibles, ces sentiers tortueux qui mènent, sinon au bonheur, du moins à une position honorable, mais combien ils sont encore plus ardus ceux qui aboutissent aux arts libéraux !

S'y faire un nom , est une difficulté telle que l'on consume souvent toutes les forces vitales de son intelligence sans y parvenir.

Ce jeune homme, au front large, éclairé par des yeux où brille et rayonne l'intelligence ; c'est un penseur, un auteur : il écrit prose et vers, il deviendra célèbre un jour ; en attendant, il meurt de faim.

Cette jeune fille dont la peau brunie , bien plus par la misère que par le ton réel de son teint chaud et coloré d'habitude, est empreint d'une expression de souffrance qui révèle des privations alimentaires, c'est une future cantatrice ; elle a du talent, mais elle est pauvre, n'ayant pour toute protection que les vertus de sa vieille mère. Que peuvent faire deux femmes sans protection, dont l'une et l'autre sont harcelées par les exigences impérieuses de la vie ?

Cette physionomie fine et distinguée est celle d'un homme à l'esprit subtil et délicat, aux manières recherchées, d'un artiste dramatique dont le ton est celui de la bonne compagnie, mais son vêtement est délabré ; cet homme est pauvre , il est en lutte avec le besoin.

Et celui-ci, aux allures franches, à la tenue un peu libre, à la chevelure rejetée en arrière , c'est un peintre dont le pinceau a vigueur et hardiesse; mais ce jeune homme ne mange pas toutes les fois qu'il a faim , plus souvent encore il demande à l'obligeance d'un ami asile et abri.

Que faut-il à ces jeunes gens , pour qu'ils puissent suivre la carrière qu'ils ont choisie et entrer dans une voie meilleure ?

Aide et protection !

Aide, en ce qu'ils sont inconnus et qu'ils ont besoin de se produire, car là est tout le secret de bien des gens qui n'attendent souvent qu'on leur tende une main bienveillante, pour révéler ensuite des natures supérieures.

Cette protection essentielle au poète, à la cantatrice, à l'artiste dramatique, au peintre, qui peut la leur donner plus efficacement qu'une société intime formée entre quelques personnes compatissantes et serviables, qui auront pour but de mettre à jour toutes ces intelligences ignorées et souffrantes qui, sans elles, atteindraient l'âge mûr alors que toutes les aspirations vives de la jeunesse seraient déjà éteintes en eux.

Un Conseil ou Comité de surveillance , un jury d'examen

choisi parmi les membres de la société, serait chargé de recevoir les œuvres de l'intelligence; en littérature comme en musique, dè les étudier avec soin, de les classer et de donner aux auteurs ses appréciations et ses conseils. La société ferait interpréter ces œuvres à des époques périodiques. et stimulerait ainsi l'émulation de ses protégés.

Des cotisations mensuelles, des loteries et des dons volontaires, subviendraient aux frais que la société aurait à supporter.

IV

Une des causes, qui engendrent ordinairement la misère, c'est l'imprévoyance avec laquelle les artisans se mettent habituellement en ménage, pour ainsi dire, sans un sou vaillant.

Dans leurs souvenirs d'enfance, ils se rappellent à peine la pénurie du foyer paternel, et cette misère dans laquelle ils ont grandi, sans s'en apercevoir ils la préparent sans remords à leurs enfants.

Dans leurs jeunes années, ils n'avaient nul souci des embarras de leur mère pour subvenir à une partie des besoins de la famille, ils n'ont donc pas l'expérience des luttes que leur ménage aura à supporter pour élever leurs enfants.

Dans toute entreprise, c'est du début que dépend la solution. De même, dans le ménage de l'ouvrier dont les salaires sont subordonnés à un état continuel de changements. Que de combats contre l'adversité ! — pour la femme surtout qui vit du travail de ses mains.

Mais aussi lorsque le jeune ménage a un commencement de bien-être , il est enclin à suivre la voie du bien, plutôt qu'à s'en détourner.

Dans cet ordre d'idées , ne serait-il pas possible de lui prêter un concours salutaire ?

Qu'il se fonde une Compagnie d'assurances ayant plutôt un caractère de bienfaisance qu'un caractère de spéculation. Que, par ses combinaisons financières , elle accumule des primes annuelles, modestes et en rapport avec les modiques salaires de l'ouvrière : qu'elle les fasse fructifier, et qu'à un moment donné, elle puisse compter un petit capital , qui formerait pour celle-ci une dot destinée à ses premiers frais d'installation en ménage.

L'ouvrière qui, chaque mois , aurait prelevé sur les minimes produits de ses travaux une obole, représentant pour elle bien des privations, serait heureuse et fière tout à la fois d'apporter dans l'association conjugale le produit de ses épargnes de jeune fille ; de quels soins et de quelle propreté elle entourerait les quelques meubles et la légère provision de linge, qui constitueraient le noyau de son ameublement.

De son côté , le mari voudrait apporter son contingent à la communauté; il briserait avec les habitudes de café, contractées pendant sa vie de garçon ; l'argent de poche qu'il avait l'habitude de dépenser chaque semaine , il en serait économe, pour apporter au logis un objet qui viendrait augmenter le bien-être de la famille. Dès lors, son soin le plus grand serait d'accroître son mobilier.

Il se sentirait davantage chez lui, se trouvant au milieu d'objets qui sont sa propriété, car , lorsque l'homme possède si peu que ce soit, il est plus près de son bonheur que celui qui rentre dans un affreux hôtel garni; où rien ne lui appartient, et où, à la fin de chaque mois, il doit solder une location, dont il né lui resté rien!

Lorsqu'au moment du mariage la femme pourra entrer dans un domicile dont les quelques meubles lui appartiendront, elle pourra entrevoir dans un avenir rapproché et avec un œil bien plus tranquille sa position de mère, parce que, possédant actuellement le peu qui lui est nécessaire, elle pourra compter assez sur l'esprit d'ordre de son mari, pour préparer à la jeune famille qui naîtra le complément du mobilier qui lui deviendra indispensable.

Apportant en mariage une dot, quelque minime qu'elle soit, elle peut entrer dans cette nouvelle phase de la vie, avec une sécurité de plus dans le cœur.

V

Faire entrevoir à l'ouvrier la propriété comme un but accessible, couronnement de ses efforts, n'est-ce pas lui ouvrir un champ aussi vaste que la pensée? C'est le fortifier dans des sentiments louables, c'est lui faire naître l'amour du prochain, lui donner confiance dans le présent, assurer même son dévouement au Gouvernement.

Mais si, par une combinaison intelligente, puisque tous ne peuvent prétendre à devenir propriétaire, il était donné à quelques-uns d'atteindre ce but, ne serait-ce point un grand pas pour l'avenir?

Dans cet ordre d'idées nous avons cherché et nous espérons avoir trouvé.

Les maisons ouvrières de Mulhouse (avant la guerre 1870-71) qui consistent à réunir en un même groupe quatre maisons, dont les prix de terrain et construction représentent treize mille deux cents francs, soit trois mille trois cents francs par maison, ne sont pas le produit d'une société coopérative, mais bien l'œuvre de dotations de l'Etat et de capitalistes désintéressés, qui ont formé un capital à cet usage.

Un ouvrier devient propriétaire d'une de ces maisons, en payant le dixième du prix, soit trois cent trente francs, et une location représentant cinq pour cent du capital, amortissement compris; c'est-à-dire qu'au bout de dix ans, moyennant une somme annuelle de trois cent quarante-six francs cinquante centimes la première année, de trois cent quarante-quatre francs quatre-vingt-cinq centimes pour la deuxième, et ainsi de suite en diminuant, il deviendra propriétaire.

Voici quelle est la combinaison que nous soumettons au public, aux philanthropes et aux économistes :

Qu'une feuille littéraire ou politique soit créée ; qu'elle se nomme à Paris, le *Petit Journal*, ou, à Marseille, le *Petit Marseillais*, dont le prix serait de dix centimes ;

Qu'elle consacre exclusivement sa quatrième page à l'insertion d'annonces industrielles et commerciales.

L'industriel ou le commerçant qui paye une annonce insérée dans un journal, n'a pas la certitude que son annonce soit lue: eh bien! avec le système expliqué plus loin, il acquiert cette certitude. Ensuite, c'est le commerçant lui-même qui doit offrir au public acheteur cette feuille qui donne les avantages et renseignements suivants, à savoir que les annonces industrielles sont insérées dans le journal moyennant un prix de, déterminé par un tarif, lequel prix ou marché passé avec la direction donne droit à la délivrance d'une certaine quantité de journaux.

Vous entrez chez un commerçant pour accomplir un désir, opérer un achat: il vous offre le journal du jour que vous eussiez peut-être acheté.

Cette feuille, distribuée gratuitement par le commerçant, porte dans un endroit apparent un coupon destiné à être détaché.

Ici est la combinaison pour les maisons ouvrières dont cette feuille est l'accessoire.

Société nationale des Maisons ouvrières.

Tout porteur du présent coupon a droit de recevoir, en échange de cinq cents coupons semblables, une obligation de la Société, laquelle participe au tirage unique annuel pour l'acquisition d'une Maison ouvrière.

Il est facile de s'expliquer maintenant l'exécution de cette combinaison, en ce que le commerçant qui reconnaît que sa publicité est d'autant plus fructueuse qu'il la fait lui-même, et qu'en sus il alloue gratuitement au public acheteur dans ses magasins une chance de concourir au tirage annuel, devra attirer plus particulièrement le public dans ses magasins.

En supposant que, dans Marseille, on trouve cent industriels adhérents distribuant vingt journaux par jour, soit deux francs, nous avons donc deux mille journaux distribués par les commerçants, sans compter le tirage personnel du journal; c'est-à-dire une publicité de quinze cent mille feuilles par mois. Si c'est un journal comme le *Petit Marseillais*, qui tire à 50,000 par jour, donnant une recette de 5,000 francs sur laquelle somme il faut déduire 2,500 francs, affectés spécialement aux frais que coûte le journal pour sa publication, 2,500 francs par jour donneront 900,000 francs par an.

Une maison à deux étages contenant six familles, coûte à édifier 24,000 francs.

Avec 900.000 francs nous aurons dix-huit maisons, c'est-à-

— 39 —

dire cent huit familles qui seront propriétaires héréditaires tous les ans.

Je demande donc, en raison des efforts que j'ai faits pour atteindre ce but essentiellement humanitaire, le concours de gens qui contribueraient à la réalisation de ce projet et en assureraient le succès.

VI

La bienfaisance, qui emprunte toutes les physionomies, qui prend tous les costumes pour se glisser au milieu des infortunés ou des déshérités du sort, nous apparaît souvent sous la forme de la fortune en se constituant en loterie.

Mais une loterie de bienfaisance, si utile qu'elle soit pour les maux qu'elle doit soulager, ne s'adresse qu'à une œuvre particulière : c'est toujours un bien, mais il y a mieux.

Il arrive que des personnes charitables et bienfaisantes veulent participer à cette œuvre.

Telle personne riche adressera des objets pour qu'ils soient compris dans les divers lots qui doivent être distribués par la voie du sort.

Le but de l'auteur est de faire, en quelque sorte, une même application du principe charitable, en intervertissant pour ainsi dire les rôles de chacun, c'est-à-dire en mettant le pauvre avant le riche.

Qu'une Société de Bienfaisance soit fondée, qu'elle ait comme dames patronnesses de l'œuvre des personnes dont la charité est connue.

Que le Conseil d'administration soit formé d'hommes qui, par leurs lumières et leur honorabilité, rendent des services à la Société.

Cette Société ayant pour objet de rechercher les familles honteuses, principalement les femmes qui vivent du produit de leurs mains, de leurs doigts ou de leur intelligence, tels que les travaux d'aiguilles, de broderies, etc , de dessin ou de peinture, a pour but de venir en aide à une ou des personnes qui se trouvent dans une position difficile : une femme surtout.

Ainsi: telle personne qui, dans un moment de gêne, voudrait tirer parti d'un objet quelconque, ne saurait ou s'adresser pour vendre cet objet, et encore en supposant qu'elle trouvât à le placer, quel serait le marchand ou plutôt l'acheteur assez consciencieux qui ne spéculerait pas sur cette infortune ?

A cet effet, qu'un magasin situé dans un quartier convenable, accessible à toutes les conditions, soit en boutique, soit en appartement, serve d'exposition de vente.

Voilà pour les personnes qui veulent se défaire d'objets.

Quant aux personnes qui feraient des travaux d'aiguille, broderies, tapisseries, dessins, peinture, etc., lesdits objets seraient exposés dans le magasin, et les dames patronnesses auraient pour mission de recommander, à leurs connaissances et amis, l'achat de ces objets.

Comme il est facile de le voir, l'auteur de l'idée précitée est animé d'un sentiment de compassion pour ces pauvres et honnêtes familles qui, ne sachant à qui s'adresser dans des circonstances douloureuses, se désespèrent souvent sans avoir foi dans la Providence.

Que de maux cette Société épargnerait aux familles qu'elle favoriserait de sa protection !

VII

Je me suis demandé souvent quelle avait été la pensée des gouvernements lorsqu'ils établirent successivement des bibliothèques publiques.

Il est évident que l'action qui a dirigé la fondation de ces établissements, avait un but grandiose, puisque dans ces bibliothèques , grand nombre d'hommes illustres , morts ou vivants, sont venus consulter des livres rares , documents précieux pour toute espèce de travaux de l'intelligence.

Bien que la première bibliothèque fondée à Paris remonte au roi Charles V (1370), nous voyons que la ville de Paris en compte actuellement onze dans des quartiers différents, pour la commodité de la population.

Seule , la bibliothèque musicale est unique dans Paris, et quoique ouverte au public, faisant partie des corps de bâtiments du Conservatoire , elle semble devoir être visitée exclusivement par les élèves de cet établissement.

J'ai fait cette remarque, et bon nombre de jeunes compositeurs

pensent comme moi, que , s'il leur était donné une plus grande
latitude , dans les heures de travaux et dans l'augmentation de
partitions du même compositeur, il en résulterait un progrès
pour l'art musical. qui mettrait au jour de plus fréquents
talents.

Une partition à grand orchestre dont l'opéra est en vogue, se
trouvera, dès l'ouverture de la bibliothèque, entre les mains d'un
copiste salarié pour une direction théâtrale de province ; et si,
par grande exception , il y avait deux partitions , cette dernière
serait entre les mains d'un élève pensionnaire du Conservatoire, lequel, par sa facilité de demeurer dans l'établissement.
devancera un artiste aussi studieux que lui, et le privera par
conséquent de travailler d'après l'ouvrage qu'il avait choisi.

Voilà. quant aux travaux de la composition. les difficultés que
l'on rencontrera toujours. vu la pénurie d'exemplaires.

Quant aux éleves qui travaillent le clavier et la vocale, pour la
lecture des partitions , piano et chant, c'est aussi regrettable ;
car ils ne peuvent obtenir que ces partitions leur soient confiées
pour travailler. Ils sont donc obligés de prendre des abonnements
chez les principaux éditeurs de musique, et la plupart du temps
à des prix trop élevés pour leur bourse, car leur position souvent
difficile ne leur permet que de prendre successivement des
abonnements d'un mois que l'on paye le double. ne pouvant
acquitter une année d'avance.

Si vous joignez à cela les locations de piano pour l'étude du
chant ou du clavier. vous aurez de suite le budget suivant :

Abonnement de musique.................. Fr.   60
Piano. pour location à raison de 15 fr. par mois.   »   180

                                   Total....   240

représentant à quelques francs pres la valeur d'un loyer pour
un artiste musicien,

Pénétré de toutes ces considérations, et passant sur les questions de détail qui n'ont pas leur importance ici, je viens exposer un projet tendant à améliorer cette situation difficile. tant pour l'art musical que pour les musiciens eux-mêmes.

J'ai la confiance que j'atteindrai ce but, en fondant dans chaque mairie, c'est-à-dire par arrondissement, une bibliothèque musicale, comprenant :

1° Les grandes partitions à orchestre ;

2° Les partitions piano et chant;

3° Les partitions à piano seul ;

4° Traités d'harmonie, traités de composition, solféges ;

5° Etudes pour le chant et divers instruments, etc. ;

avec la faculté de prêter toute cette musique, moyennant une rétribution tellement minime qu'elle serait considérée sans importance, à des artistes qui seront reconnus mériter cette faveur par leur honorabilité, et témoigner du désir de s'instruire. Et enfin, même avantage pour leur faciliter l'étude du piano dans les conditions d'obtention précitées.

Par ce moyen, l'artiste demeurant à Grenelle ou à Bercy pourra travailler avec d'autant plus de fruit, qu'il ne perdra plus un temps précieux, soit par un long parcours, soit par un débours de voitures, d'omnibus, de frais imprévus, occasionné par le déplacement. Mais là ne s'arrête pas l'exposition de mon projet, c'est dans la réalisation de son exécution, que je prie le lecteur de vouloir bien me suivre.

Il trouvera sans doute mes idées bonnes, utiles, philanthropiques, mais ce n'est pas avec des idées que l'on fait du pain, mais bien avec de l'argent qu'on achète le blé. Aussi né viens-je pas dire au gouvernement : Le projet que j'ai l'honneur de soumettre à votre appréciation ne mérite-t-il pas qu'il soit pris

en considération , ne renferme-t-il pas les éléments de succès ?
Pourquoi tarde-t-on de le mettre à exécution ? les avantages ne
sont-ils pas démontrés ? L'idée est-elle défectueuse ? essayons des
améliorations. Et le gouvernement me répondra laconiquement :
C'est une affaire de cinquante mille francs par an , et pour
prendre et voter cette somme, là est la question ?

Pour subvenir aux frais que nécessite le fonctionnement de
cette entreprise, et pour faire participer proportionnellement les
administrations du Gouvernement, je demanderais pendant cinq
ans :

Au Chef de l'Etat............. .... Fr. 10.000

Au ministère des Beaux-Arts...........   2.500

Ces bibliothèques ayant un caractère na-
tional, relèveraient. comme administration; soit du ministère des Beaux-
Arts, soit de la préfecture de la Seine.

Au ministère de l'Instruction publique..   2.500

A la préfecture de la Seine 2.500

Aux vingt municipalités...............   37.500
                                         ─────────
                          Total....   55.000

Avec cette rente on achèterait :

1° Cent pianos divisés également. soit cinq dans chaque mairie.
payables en cinq annuités;

2° De la musique , prix marchand, pour monter les bibliothèques ;

3° Frais généraux, payements d'employés, etc.

Cette rente de 55,000 francs ferait face à toutes les exigences pendant cinq ans, et se réduirait, au bout de la cinquième année, à 12,000 francs, qui seraient payés comme subvention, à seule fin de couvrir la chance aléatoire, et à l'effet d'avoir une réserve capitalisée pour les besoins imprévus d'administration, avec la possibilité de donner vingt emplois à des artistes méritants et rétribués de façon à amener une amélioration dans leur position actuelle.

Exposé de la situation.

RECETTES.

Quotités demandées à toute personne qui voudra étudier deux heures par jour, de huit heures du matin à six heures du soir, avec la possibilité d'avoir toutes partitions ou musiques diverses à sa disposition, à raison de cinq francs par mois ;

A 25 étudiants par mois, minimum. Fr. 125
Par an. 1,500
Pour les 20 arrondissements. . . . . . . Fr. 30.000

Etude simple du piano sans partitions, deux heures par jour, à raison de 2 fr. 50 par mois.
25 étudiants (les jours d'étude alternés) 62 50
Par an, douze mois. . . . . 750 »

Pour les vingt arrondissements. 15.000

Il faut ajouter la subvention pendant cinq ans. . 55.000
_____
Total. . . . 100.000

DÉPENSES.

Amortissement de l'achat de cent pianos neufs, à 500 francs

l'un, par an............................ Fr. 10.000

Achat de musique pour l'établissement de bi-

   bliothèques 10.000

Vingt bibliothécaires aux appointements de

   fr. 1,800............................ 36.000

Frais généraux, etc........................ 4.000

                   Total....   60.000

Au bout de la cinquième année, les dépenses seront diminuées :

Pour les pianos, de .... Fr. 10.000

Pour les achats de musique.............. .. 5.000

                   Total....   15.000

Qui, déduits de 60,000 francs, budget des dépenses, les égaleront en les ramenant à 45,000 francs, budget des recettes.

Le piano et la musique ne sont-ils pas aussi les outils du musicien ? En lui apportant les moyens d'avoir la jouissance de ces outils intelligents, sous forme de réduction dans les prix imposés par les industriels, on sauvegardera l'amour-propre de l'artiste, tout en lui venant en aide.

Ce projet se réalisant, combien ma récompense serait douce de penser que j'aurais pu contribuer à l'impulsion du progrès de l'art musical en France !

VIII

Il existe en France des anomalies. Pourquoi refuse-t-on, ou plutôt pourquoi n'accorde-t-on pas des encouragements qui donnent facilité à ce que les femmes se protègent entre elles?

En un mot, il n'existe pas de Sociétés de Secours mutuels pour les femmes. Eh bien! le but que se propose d'atteindre l'auteur de ce projet, a pour objet la fondation d'une maison de retraite pour les domestiques du sexe féminin.

EXTRAIT DES STATUTS.

CHAPITRE PREMIER.

Objet de la Société.

ARTICLE PREMIER. — Une Société de Secours mutuels, sous le nom de *la Providence des Servantes,* est établie entre toutes les domestiques du sexe féminin.

ART. 2. — Cette Association a pour but :

1° De fonder une maison de retraite au profit des sociétaires ;

2° De donner les soins du médecin et les médicaments ;

3° De représenter les sociétaires comme conseil judici ire ;

4° De nourrir, blanchir et coucher les sociétaires lor.   .ies
sont sans places ;

5° De leur procurer des emplois selon leur condition ;

6° D'avoir droit à l'admission à la Maison de retraite a ès le
payement régulier de ses cotisations pendant trente ans ac-
complis ;

7° De leur rendre les derniers devoirs.

ART. 3.— Sont aptes à faire partie de l'Association :

1° Toutes les nourrices françaises ou étrangères ;

2° Toutes les cuisinières françaises ou étrangères ;

3° Toutes les femmes de chambre françaises ou étrangères ;

4° Toutes les bonnes ou gouvernantes d'enfants, etc., etc., etc.

Au moyen d'une faible rétribution prélevée sur leurs appointements mensuels, les sociétaires peuvent prétendre à une tran-
quillité morale et avoir droit à tous les avantages énumérés dans
les Statuts.

Les jeunes filles qui d'ordinaire se placent en condition, sont
souvent exposées, en quittant une place pour une raison quelconque, et en entrant dans une nouvelle, à ce que leurs nouveaux maîtres leur donnent les fâcheux exemples d'immoralité,
d'inconduite, etc.

Que faire alors? Chercher une autre maison précipitamment
et retomber dans le même abîme !

La Maison de *la Providence des Servantes*, dans ce cas, devient un refuge pour elles.

D'un autre côté, l'avenir ne parait-il pas plus doux à envisager à ces pauvres filles, lorsqu'elles savent que, dans leur vieillesse, elles ne seront point abandonnées ?

IX

Cette invention consiste en un système de contrôle sur la perception des recettes que font les cochers de la Compagnie des Petites Voitures de Paris, dont le nombre atteint le chiffre de trois mille.

Le déficit au préjudice de la Compagnie, et par conséquent des actionnaires, s'élève par annuité à plus de cinq millions.

Si ce système de contrôle eut été accepté, l'inventeur proposait d'attribuer une part du boni qui eût résulté pour la Compagnie à une fondation de bienfaisance.

Bien qu'il existe à Paris des maisons pour recevoir les filles-mères, il est à remarquer qu'un traitement de neuf jours est loin d'être suffisant après l'accouchement, et qu'en prolongeant cette convalescence, on amènerait plus efficacement les accouchées vers un rétablissement complet.

Il résulterait donc de cette institution, pour l'avenir, une sécurité humanitaire, en ce que les jours de la mère étant préservés, l'enfant serait recueilli par sa mère, qui, sa santé aidant, serait encouragée à sanctifier une faute, en accomplissant son devoir sacré et doux de la maternité.

Tandis que la santé faisant défaut à la mère, il en résulte impuissance. indifférence, abandon![1]

X

La misère est un fait généralement acquis, elle est commune à toutes les classes laborieuses, et si l'indigence frappe plus visiblement nos yeux, c'est par un effet d'opposition avec la richesse, qui est plus grande de nos jours dans quelques individualités.

Selon un grand nombre d'écrivains, de penseurs, d'économistes, la misère aurait pour origine la concurrence dans la main-d'œuvre, c'est-à-dire la liberté du travail.

Les écrits abondent où il est établi d'une manière savante qu'en réglementant ou disciplinant la liberté du travail, c'est justement là une cause de la misère.

La solution de cet important problème, si toutefois il peut être résolu, appartient bien plus aux individualités qu'au gouvernement.

Mais, d'après d'autres moralistes, les causes principales de la misère sont le *vice* et l'*imprévoyance*.

Dans ce cas, qu'on oppose à ces maux la pratique des extrêmes.

Qu'au vice et à son infernal entourage, il soit donné pour antidote la vertu, et son suave et gracieux cortége; pour combattre l'imprévoyance aveugle, qu'on répande le flambeau de l'économie.

Ce n'est donc que par la *réforme morale* de l'homme que la misère peut, sinon disparaître, du moins être diminuée.

Ce n'est aussi qu'à l'aide de la *bienfaisance*, de la charité privée ou publique, que l'on peut soulager les souffrances humaines.

C'est pourquoi il est indispensable que l'homme sache quels sont ses devoirs; ceux auxquels il est tenu envers lui-même, envers les autres et envers Dieu.

Ces principes, il les trouvera dans la *morale*. La *morale*, cette étincelle divine, en ce que Dieu ne peut vouloir que le bien.

La morale, qui est la science qui nous apprend par sa doctrine qu'elle est l'enseignement des mœurs.

La morale qui se définit par la connaissance du bien et du mal, de nos devoirs civils et religieux, et de la manière dont nous avons à nous diriger dans la vie.

Ah! si les humains pouvaient se pénétrer de ce qu'il y a de beauté, de grandeur, de noblesse, dans l'accomplissement de ces devoirs, combien le sentier de la vertu leur serait facile à trouver, agréable à parcourir! combien il serait doux d'y établir sa tente!

Oui, l'homme est une créature exclusivement morale; il a la *raison* et la *liberté*.

C'est dire aussi qu'il est susceptible d'être vertueux, étant guidé par deux sentiments: *la justice* et *la bienfaisance.*

En résumé, pour atténuer la misère ; il faut surtout moraliser les hommes. L'auteur verrait avec satisfaction qu'il soit fondé une Société décernant annuellement, en séance publique, des prix de concours dont le résultat serait de multiplier les écrits traitant de moyens pratiques et prompts de moralisation.

XI.

Les innovations utiles sont toujours en butte aux malveillances les plus multipliées, et souvent les plus fausses. Il est rare qu'une idée nouvelle, émanant d'un esprit supérieur dont la réputation fait autorité, ait été admise sans avoir rencontré des difficultés dans l'exécution.

Il serait certainement très facile d'énumérer une longue suite d'inventions célèbres qui n'obtinrent que l'indifférence.

Quoi de plus vrai, en présence de toutes les passions mauvaises qui dirigent les hommes ?

Comment en serait-il autrement ? En effet, dès qu'il y a perfectionnement, amélioration à toute idée émise sur le globe, perfectionnement d'une manière ou d'une autre, l'application qui en est faite, vient heurter ouvertement les intérêts qui ont leur place acquise au soleil, lesquels essayeront par tous les moyens honnêtes ou non de s'y maintenir.

Heureuses sont les inventions nouvelles qui peuvent opposer à leurs contradicteurs des arguments péremptoires et dont les résultats attestent le succès de l'entreprise.

Après une étude sérieuse sur les divers systèmes de sociétés coopératives, de crédit, de consommation, etc., toutes se revêtant plus ou moins du manteau de la philanthropie, on est tout étonné d'y rencontrer des opérations purement financières, ne visant qu'à accroître leur bénéfice, et non pas, comme ils semblent le dire, destinés à rendre à l'humanité des services désintéressés. Du reste, la philanthropie est peu compatible avec le mot affaire. Qui dit argent, dit semence, et qui dit semence, dit produit.

Mais enfin, de l'argent, toujours de l'argent, éternellement de l'argent, ce mot magique, prévaudra-t-il toujours sur toutes choses?

Tout en ce monde a lieu par ou pour de l'argent. Pourquoi ne pas essayer d'atténuer la force de ce puissant levier dans une pensée utile, en rendant faciles les relations commerciales et industrielles, sans le secours immédiat de ce métal précieux?

Dans les temps primitifs, on ne connaissait des affaires qu'un échange de marchandises contre métal frappé au coin d'un signe quelconque. Plus tard, des pièces de monnaie d'or, d'argent ou de cuivre, furent frappées à l'effigie des souverains de chaque pays, et eurent un cours déterminé.

Puis, pour rendre faciles les négociations généralement quelconques, on créa le billet de la Banque de France. Enfin, dans le commerce entre négociants, on échangea contre la marchandise son propre billet en y apposant sa signature.

Tel capitaliste rentier, possesseur de titres de rentes, d'actions ou obligations de chemins de fer, d'emprunts municipaux, etc, a besoin d'argent,

Ses titres sont en baisse, et il ne veut pas les vendre, certain de subir une perte. Il s'adresse à un banquier ou à un agent de change, qui lui avance une somme proportionnelle au cours du jour, si ces valeurs sont cotées à la Bourse.

C'est dire qu'à défaut de numéraire, il faut qu'il y ait garantie ou sécurité de garantie.

Mais il n'est malheureusement pas donné à tous les humains d'avoir des titres au porteur.

Cependant, il est une valeur qui symbolise l'égalité dans sa plus majestueuse expression. Riches ou pauvres, grands ou petits de la terre, peuvent y prétendre par souscription, et y voir des intérêts engagés. Cette valeur qui ne prend naissance que de la nécessité, est souvent le résultat de la joie ou de la peine : les extrêmes de l'échelle sociale la connaissent et lui portent considération ; l'homme qui ne sait pas lire dans un alphabet, la distinguera au milieu de toutes les valeurs émises sur la surface du globe.

Cette valeur, qui n'est pas cotée au parquet des agents de change, se nomme :

La reconnaissance du Mont-de-Piété.

Le Mont-de-Piété, cette institution d'utilité indispensable, cette entreprise grandiose, providence de ceux qui y ont recours.

C'est donc à tout le monde, à toutes les classes de la société, que s'adresse la fondation de la Banque Nationale de Crédit populaire. Tout le monde veut dire mes concitoyens. Lorsque l'on s'adresse à un peuple qui a pour nationalité la France, on ne saurait trop lui donner un témoignage de ses vues philanthropiques, honorables et sincères.

De tout temps, on s'est occupé et on se préoccupera toujours des classes laborieuses ; l'intérêt qui s'y rattache a un but tellement élevé, que l'économiste ou l'homme de bien ne cessera de faire des recherches dans cette voie, pour amener un bien-être si petit qu'il soit.

Puisqu'il est reconnu qu'atténuer les misères du peuple, c'est en adoucir les rigueurs, et que, par conséquent, c'est contribuer en partie à la prospérité d'un État, j'ose donc, encouragé par ces motifs, présenter au public un projet dont l'application utile me paraît rejeter toute contestation. Dans cet ordre d'idées, prenons l'artisan, l'ouvrier, le manœuvre pour exemple ; son salaire quotidien est bien léger, et pourtant il abrite et fait vivre sa famille ; mais que le travail vienne à manquer, et malheureusement cela se voit fréquemment, il faut vivre ! Que faire ? Il a recours au Mont-de-Piété, et c'est ainsi qu'il engage ses hardes, son linge et souvent son matelas, et, du produit de cet engagement, il se nourrira, lui et les siens : demain, aura-t-il encore quelque chose à engager ?

Le Mont-de-Piété qui rend déjà de grands services, ne peut cependant pas compromettre sa sécurité pécuniaire. Aussi ne prête-t-il que la valeur intrinsèque de l'objet engagé, c'est-à-dire le tiers de ce qu'a coûté à établir commercialement le nantissement.

On délivre donc à l'engageur une reconnaissance de dépôt ; eh bien ! c'est à cette valeur jusqu'ici inactive, qu'il faut donner une nouvelle force, puissance qui prend sa source dans une pensée essentiellement philanthropique. Ne voit-on pas tous les jours celui ou celle qui a engagé un objet quelconque, vendre la reconnaissance, parce qu'il a impérieusement besoin de cette différence, peut-être bien minime ? Alors, que de douleurs n'y a-t-il pas dans cette violente séparation de l'objet aimé ?

Quelquefois c'est le dernier souvenir d'une mère ou d'un père, d'une épouse ou d'un fils ; et pourtant de la vente de cette reconnaissance dépend tout un monde de choses. Demain, ce soir, aujourd'hui peut-être, trouveront-ils une place, un emploi, pensent-ils ; mais il faut manger, se chauffer et s'abriter.

Cruels embarras ! fâcheux contre-temps ! car en vendant sa reconnaissance, il se sépare d'un objet qui emporte avec lui une partie de lui-même, des souvenirs! Et l'homme ou la femme, le cœur déjà brisé, étreint sous l'étau du malheur, envisage la vie sous un aspect bien triste et bien affreux. Que ne découle-t-il pas de tous ces maux ?

Quelqu'un n'a-t-il pas dit : « Les plaies faites au cœur du peuple par la misère tuent, mais saignent constamment ; tandis que celles des champs de bataille se ferment avec la mort. » Avec l'amour du beau, du bien surtout, que ne tente-t-on pas ? La Banque Nationale de Crédit populaire, animée du désir de soulager ses semblables, se fonde et dit : « Vous, que le sort déshérite en ce moment, et qui allez frapper à la porte d'un étranger, pour vendre cette reconnaissance dont vous ne vous séparez qu'avec les plus grands regrets, venez, nous avons compris vos souffrances morales et physiques.

« Adressez-vous à nous ; nous sommes vos amis, vos frères ne vendez plus cette reconnaissance, nous allons l'accepter en dépôt pour le quart de ce que l'on vous a déjà prêté. Vous avez besoin de *pain*, de *charbon*, de *viande*, de *linge* et de *chaussures*, voici des bons pour la somme convenue, et vous nous; rendrez cette somme par dixième et par mois. »

Alors quelle ne sera pas la joie de cet homme ou de cette femme, lorsqu'ils sauront que, non-seulement on leur offre ces avantages, mais encore, dans le cas où ils oublieraient de retirer la reconnaissance, la Banque Nationale de Crédit populaire leur rappellerait le engagements pris envers elle, afin que l'objet engagé ne puisse être vendu. Lors même que, par la force des choses, la vente

aurait lieu, la Banque représenterait l'engageur , pour défendre
ses intérêts et percevoir le boni.

J'ose croire que , si le gouvernement voulait placer cette
Banque sous son patronage, il en résulterait un bien-être évident
pour les classes laborieuses, car cette protection signifierait :

ESPOIR ET CONFIANCE !